DÉPARTEMENT DE LA SEINE.

USAGES LOCAUX.

CAHIER

D'INFORMATIONS ET RENSEIGNEMENTS

POUR SERVIR A LA CONSTATATION RÉGULIÈRE DES USAGES LOCAUX

dans Paris et les 80 Communes de la Banlieue.

IMPRIMERIE ADMINISTRATIVE DE PAUL DUPONT.
Rue de Grenelle-Saint-Honoré, 47

1851.

a.

Affouage.

Voyez Bois.

————

 3

Affouage (105. Code forestier.)

Y a-t-il des bois d'affouage dans quelques
Communes du Canton ?

Quelles sont ces Communes ?

1852

Comment se fait le partage des bois
d'affouage, ou la délivrance des bois de
construction ou de réparation dont il est
parlé en l'art. 105 du Code forestier ?

Questions	Réponses
Y a-t-il des titres ou des usages particuliers à cet égard?	
Quels sont-ils?	
Y a-t-il des titres ou des usages particuliers à cet égard?	

Bois.

Usufruit — Code Civil. Art^s 590 – 593.

Loi du 3 Frimaire an VII. Art 69.

Affouage — Code Forestier. Art 105. (31 Juillet 1827)

Questions.	Réponses.
Quel est l'usage du canton quant à l'aménagement des Bois ?	

Questions.	Réponses.
Quel est l'usage du canton quant à l'aménagement des Bois ?	

Questions	Réponses
Quel est le temps laissé d'ordinaire entre chaque coupe ?	

Questions	Réponses
Combien de Baliveaux modernes et anciens réservé par hectare, suivant les essences. Quelle est la marque adoptée pour indiquer une réserve ?	

Questions.	Réponses.
Jusqu'à quel âge est-il d'usage de considérer un bois comme taillis. A partir de quel âge est-il réputé futaie. " " " haute-futaie? (Loi du 3 frimaire an 7, art. 69.)	

<table>
<tr><td>Questions</td><td>Réponses.</td></tr>
</table>

Y a-t-il une essence Dominante ?

Questions	Réponses
Quels des points connus limitrophes de l'héritage?	

<table>
<tr><td>

Questions.
—————

De quelle manière doit se faire
la Coupe ?

</td><td>

Réponses.
—————

</td></tr>
</table>

13.

Questions.	Réponses.
A quelle époque commence-t-elle ?	

A quelle époque doit-elle être terminée?

Questions. Réponses.

A quelle époque doit-elle être terminée?

Questions	Réponses
A quelle époque les bois exploités doivent-ils être enlevés ?	

A quelle époque les bois exploités
doivent-ils être enlevés ?

<table>
<tr><td>

Questions.

A défaut de convention spéciale,
a-t-il un délai d'usage pour le payement
de coupes achetées sur pied?

</td><td>

7.

Réponses.

</td></tr>
</table>

Questions.	Réponses.

Quel est l'usage en ce qui touche les bruyères, épines, genêts et arbustes qui se trouvent dans les coupes vendues?

L'acquéreur d'une coupe a-t-il, par cela seul, droit aux épines, genêts bruyères et arbustes qui s'y trouvent?

Quelles sont les mesures de longueur
et de capacité adoptées par l'usage, et leur
correspondance avec les mesures légales.
Le tout suivant les distinctions de Bois
de chauffage, charronage & de construction?

Questions.	Réponses.
Est-il d'usage de faire du placard ?	

Questions

L'usufruitier peut-il en faire dans
les bois soumis à son usufruit?

Questions.

Existe-il des bois résineux et sont-ils
objet de quelqu'usage spécial quant à
l'aménagement et à l'exploitation ?

Questions	Réponses.
Quel est l'usage pour le remplacement, par l'usufruitier, des arbres des pépinières dont parle l'art. 590 du Code civil ?	

Questions.	Réponses.
Le remplacement est-il une obligation pour toutes les espèces d'arbres de pépinières ou seulement pour quelques-unes ?	

Questions.	Réponses.
Pour quelles espèces y a-t-il des exceptions?	

L'usufruitier peut-il prendre dans les bois soumis à son usufruit, des échalas pour ses vignes, même celles en dehors de l'usufruit ?

L'usufruitier peut-il prendre dans les bois soumis à son usufruit, des gaules ou des tuteurs pour les arbres fruitiers de ses jardins ou vergers, même de ceux en dehors de l'usufruit ?

Questions.

L'usufruitier peut-il prendre dans les bois soumis à son usufruit, des gaules ou des tuteurs pour les arbres fruitiers de

Quel est le mode en usage pour la
coupe des échalas, Gaules et Tuteurs?

Quel est le mode en usage pour la
coupe des échalas, Gaules et Tuteurs?

Quelles sont les essences le plus
spécialement consacrées à ces fournitures?

L'usage fixe-t-il l'âge du bois sur
lequel on peut prendre des échalas, gaules
et écrures ?

Quel est l'âge pour chaque essence ?

Questions | Réponses

Quel est l'âge pour chaque essence ?

Questions.	Réponses

Quelles sont les dimensions usitées pour les échalas, Gaules et Tuteurs ?

Quels sont les produits annuels ou
périodiques des arbres dont parle l'art. 593
du Code civil, suivant chaque essence ?

Quels sont ceux de ces produits qui
sont annuels ?

Questions.	Réponses.
Quels sont les produits périodiques ?	

Questions.	Réponses
Quelle est la durée de chaque période?	

Questions.	Réponses
Quelle est la durée de chaque période?	

A quelle époque se font les tontes, émondes ou coupes de brins ?

En quoi consistent ces opérations ?

En quoi consistent ces opérations ?

Durée des Baux verbaux
Securité d'entrée en jouissance au Départment.   Côté Civil
Délais à observer pour les Congés.   1756 – 1758, 1758 – 1759

Paiements des deux Locataires   1753.
Tacite reconduction   1738 – 1775
Location de Meubles   1757

Code Civil — 1736 — 1738.

Pour quel temps sont réputés faits les baux
verbaux ?
Quels sont les termes en usage pour
l'entrée en jouissance ?
Pour le paiement des loyers en fermages ?
Quels sont les délais à observer pour donner
ou recevoir congé ?

Lorsqu'il s'agit :

une ferme composée de
bâtiments d'exploitation, terres
labours, prés, bois, pâtures, &c.

Durée des Baux Verbaux	Termes d'entrée en jouissance	Termes de paiement	Délais à observer pour les Congés.

	Durée des Baux verbaux	Termes d'entrée en jouissance	Termes de paiement	Délais à observer pour les congés
De terres de labour louées sans bâtiments? En suivant qu'il y en a une seule ou plusieurs pièces?				
Du pré				

Durée des Baux-Verbaux	Termes d'entrée en jouissance	Termes de paiement	Délais à observer pour les congés

Durée des Baux-Verbaux	Termes d'entrée en jouissance	Termes de paiement	Délais à observer pour les congés

	Durée des Baux Verbaux	Termes d'entrée en jouissance	Termes de paiement	Délais à observer pour les congés
Pâture?				
Terrains en bruyère				
	Durée des Baux Verbaux	Termes d'entrée en jouissance	Termes de paiement	Délais à observer pour les congés
Pâture?				

Durée des Baux-Ibeaux	Termes d'entrée en jouissance	Termes de paiement	Délais à observer pour les Congés
Durée des Baux-Ibeaux	Termes d'entrée en jouissance	Termes de paiement	Délais à observer pour les Congés

	Durée des Baux d'abonnement	Terme d'entrée en jouissance	Terme de paiement	Délai à observer pour les Congés
Loyer				
Salaire				
	Durée des Baux d'abonnement	Terme d'entrée en jouissance	Terme de paiement	Délai à observer pour les Congés

	Durée des Baux à faire	Époque d'entrée en jouissance	Termes de paiement	Délais à observer pour les congés
Maison ou habitation avec des dépendances rurales				
Sans jardin				

	Durée des Baux verbaux	Terme d'entrée en jouissance	Terme de paiement	Délais à observer pour les congés
Jardin avec ou sans pavillon ne servant pas d'habitation?				
Grange?				

	Durée des Baux Verbaux	Terme d'entrée en jouissance	Terme de payement	Délais à observer pour les congés
Maison entière ?				
Maison ou portion de maison occupée par un commerçant ou marchand ayant Boutique ou magasin de vente en gros ?				

	Durée de ... travaux	... ... en journées	... de paiement	Délais d'... pour les ...
... du détail				
Maisons ou portions de maisons occupées par ... aubergiste ou maître d'hôtel ?				

	Durée des Baux verbaux	Termes d'entrée ajournances	Demande de paiement	Délais à observer pour les congés
Le maître de pension ?				
Entrepreneur de Messilage ?				
Le maître de pension ?				

	Durée des Baux verbaux	Terme d'entrée en jouissance	Terme de paiement	Délais à observer pour les congés
Une Entreprise de Messagerie ?				
Une Entreprise commerciale ?				

Une Entreprise de Messagerie ?

Durée des procès verbaux	Entrées ou jouissance	Termes de payement	Délais à observer pour les congés

Du Maître de Poste ?

Un artisan (tel que Maréchal), serrurier, charpentier, menuisier, &c) ?

	Durée des Baux à ferme	Terme d'entrée en jouissance	Terme de paiement	Délais à observer pour les congés
Lorsqu'il s'agit d'une maison contenant un atelier ?				
Ou une fabrique ?				

	Durée des Baux à ferme	Terme d'entrée en jouissance	Terme de paiement	Délais à observer pour les congés

Durée des Baux verbaux.	Termes d'entrée en jouissance.	Termes de paiement.	Délais à observer pour les Congés.

Tannerie? ....

Chapellerie? ....

Tannerie? ....

Durée des Baux verbaux.	Termes d'entrée en jouissance.	Termes de paiement.	Délais à observer pour les Congés.

	Durée des Baux verbaux	Termes d'entrée en jouissance	Termes de paiement	Délais à observer pour les congés
de voiture ?				
d'imprimerie, &c ?				
	Durée des Baux verbaux	Termes d'entrée en jouissance	Termes de paiement	Délais à observer pour les congés

	Durée des Baux verbaux.	Termes d'entrée en jouissance.	Termes de paiement.	Délais à observer pour les congés.
Lorsqu'il s'agit d'une maison d'habitation sans boutique ni magasin, mais avec jardin dans une ville?				
ou dans un bourg?				

	Durée des Baux Verbaux	Termes d'entrée en jouissance	Termes de paiements	Délais à observer pour les Congés
D'une maison sans jardin?				
D'un rez-de-chaussée avec jardin?				
D'une maison sans jardin?				

Durée des Baux verbaux	Termes d'entrée en jouissance	Termes de paiement	Délais à observer pour les congés

	Durée des Baux verbaux	Époque d'entrée en jouissance	Époque de paiement	Délais à observer pour les Congés
De tout autre magasin ?				
D'un grenier à paille, fourrage etc.				

	Durée des Baux verbaux	Époque d'entrée en jouissance	Époque de paiement	Délais à observer pour les Congés

Durée des Baux verbaux	Termes d'entrée en jouissance	Termes de paiement	Délais à observer pour les Congés

une chambre? . . . .

un logement? . . . . . .

	Durée des Baux verbaux	Termes d'entrée en jouissance	Termes de paiement?	Délais à observer pour les congés
D'un appartement?				
(Le tout suivant que le prix de location est au dessous de ou au dessus de .... mais quelque .... qu'il puisse ....)				
Lorsqu'il s'agit de garnis, selon les dénominations de Cabaret?				

[illegible]

Durée [illegible]	[illegible]	[illegible] ne paraissent	[illegible] pour les temps

[illegible]

	Durée des Baux verbaux	Termes d'entrée en jouissance	Termes de paiement	Délais à observer pour les Congés
Pour appartemens ?				
Quid pour chacune de ces locations aux Officiers ou sous-officiers de la garnison ?				
	Durée des Baux verbaux	Termes d'entrée en jouissance	Termes de paiement	Délais à observer pour les Congés

Durée des Baux Verbaux	Termes d'entrée en jouissance	Termes de paiement	Délais à observer pour les Congés

Lorsqu'il s'agit d'une peine
avant les différentes natures
d'établissements, telle que
moulin à blé mû par eau?...

mû par le vent?...

	Durée des baux ruraux	Termes d'entrée en jouissance	Termes de paiement	Délais à observer pour les congés
Moulin à tan				
Moulin à huile				
Moulin à tan				

Durée des baux verbaux	Termes d'entrée en jouissance	Termes de paiement	Délais à observer pour les Congés
Durée des baux verbaux	Termes d'entrée en jouissance	Termes de paiement	Délais à observer pour les Congés

	Durée des Baux verbaux	Termes d'entrée en jouissance	Termes de paiement	Délais à observer pour les Congés
Papeterie				
Eaux fournissant				

	Durée des Baux verbaux	Termes d'entrée en jouissance	Termes de paiement	Délais à observer pour les Congés

Durée des baux verbaux.	Termes d'entrée en jouissance.	Termes de paiement.	Délais à observer pour les congés.

Durée des baux verbaux.	Termes d'entrée en jouissance.	Termes de paiement.	Délais à observer pour les congés.

	Durée des Baux verbaux	Termes d'entrée en jouissance	Termes de paiement	Délais à observer pour les Congés
Four à chaux ?				
Four à plâtre ?				
	Durée des Baux verbaux	Termes d'entrée en jouissance	Termes de paiement	Délais à observer pour les Congés

Durée des baux	Terme d'entrée en jouissance	Terme de paiement	Délai à observer pour les congés

| Durée des baux | Terme d'entrée en jouissance | Terme de paiement | Délai à observer pour les congés |

Nota. Suivant le détail qui précède
expliquer quels sont les différents délais de congés
Selon que le bail a une durée

     De plusieurs années

     d'une année

     de 6 mois

     d'un trimestre

     d'un mois ?

        (1)

(1)   Expliquer quel le congé doit être donné
le .... pour le ....

Questions	Réponses
A quels jour et heure le locataire sortant est-il tenu de remettre les clefs et les lieux ?............	

Cette obligation comporte-t-elle par l'usage un délai quelconque au-delà du jour porté par le Congé ? . . . .

Ce délai, s'il existe, s'applique-t-il à
toute espèce de locations ? ....

(Toutes les énonciations ci-dessus ne sont
qu'indicatives. Et MM. les Juges de paix sont
priés d'y ajouter la nomenclature des diverses
spécialités existant dans leurs cantons, et qui
demanderaient une solution particulière.)

A dater de quelle époque, et pendant quel délai le propriétaire peut-il mettre écriteau ? ....

Questions	Réponses
Même question pour le locataire ?	
Même question pour le locataire ?	

Le Locataire peut-il mettre écriteau
sans la permission du Propriétaire ? ....

Questions.

7e

Réponses.

Le Locataire peut-il mettre écriteau
sans la permission du Propriétaire ? ....

Quand un usage a été accepté ou signifié,
... sont les jours et heures pendant
quel le locataire est obligé de tenir
lieux ouverts ?

Distinction entre le cas où les lieux à louer
... encore garnis de meubles, effets ou
marchandises.
Et celui où ces lieux sont complètement
vides.

Code Civil – 1758 – 1759. –

Si rien ne constate que la location d'une maison, d'un appartement, d'une chambre meublée, soit faite à l'année, pour 6 mois, au terme, au mois ou au jour, quel est l'usage des lieux à invoquer pour l'application 1758 et 1759, Code civil ? . . . .

Questions.	Réponses.
Quelle est la durée d'un terme ?	

Questions.

—

Quels sont les délais d'usage pour les congés à donner ou recevoir en conformité de l'art. 1759, pour une location faite:

à l'année

pour 6 mois

un trimestre

un mois

un jour?

Réponses.

—

Questions.	Réponses.
Existe-t-il un délai entre le jour indiqué par le congé et la sortie?	
Quel est ce délai?	

Questions.	Réponses.
Existe-t-il un délai entre le jour indiqué par le congé et la sortie?	

Si rien ne constate que la location soit
faite pour un temps déterminé, ou s'il est
certain qu'elle est faite au jour, au mois, au terme,
pour 6 mois, à l'année, ou il tacitement convenu
par l'usage, que les termes seront payés
d'avance ou à l'échéance du terme?

<table>
<tr><td>

Questions

(1753 – Code civil.)

Est-il d'usage, dans le canton, que les
sous-locataires fassent des paiements avant
le terme échu ou même commencé, de telle sorte
qu'on ne puisse, dans ce cas, en vertu du 2e §.
de l'art 1753, Code civil, les regarder comme
faits par anticipation ou collusoirement?

</td><td>

93

Réponses.

</td></tr>
</table>

Quid encore des obligations du sou-
locataire vis-à-vis du propriétaire ? Est-il
obligé par exemple, d'avoir du sous-bailleur,
une quittance enregistrée ?
(Code civil 1753 – 1328.)

(1738 – 1776 – Code civil.)

Pour que le fermier ou locataire, après expiration d'un bail écrit, ait le droit de continuer sa jouissance, pendant quel délai faut-il qu'il soit laissé en possession ?

Questions.	Réponses.
Quels sont les faits qui constituent la tacite reconduction ?	

Questions.

Réponses.

Quelles sont les obligations du propriétaire envers le locataire ou fermier qui a fait
à la chose louée des Travaux ou Cultures ne
constituant pas tacite reconduction, dans
l'intervalle du jour où finissait la jouissance
précédente, à celui où le propriétaire a fait
[...] la nouvelle jouissance ?

	Délai de possession nécessaire pour opérer la tacite reconduction.	Faits constituant la tacite reconduction.	obligation du propriétaire envers le fermier ou locataire qui a fait des cultures outre...
Lorsqu'il s'agit de maison entière ?			
Portion de maison ?			

	Délai de possession nécessaire pour opérer la tacite reconduction.	Faits constituant la tacite reconduction.	Obligation du propriétaire envers le fermier ou locataire qui a fait des cultures ou travaux
Jardin avec habitation			
Ferme ?			
Jardin avec habitation			

	Délai de possession nécessaire pour opérer la tacite reconduction	Faits constituant la tacite reconduction	Obligation du Propriétaire envers le premier enlocataire qui a fait des cultures extraord.
Terres louées sans bâtiments?			
Une seule pièce de terre?.....			
	Délai de possession nécessaire pour opérer la tacite reconduction	Faits constituant la tacite reconduction	Obligation du Propriétaire envers le premier enlocataire qui a fait des cultures extraord.

	Délai de possession nécessaire pour opérer la tacite reconduction.	Faits constituant la tacite reconduction.	Obligation du propriétaire envers le fermier ou locataire qui a fait des cultures ou travaux
[illegible]			
[illegible]			
[illegible]			

	Délai de possession nécessaire pour opérer la tacite reconduction.	Faits constituant la tacite reconduction.	Obligation du Propriétaire envers le Premier Locataire qui a fait des réparations
Maison de Commerce?			
Atelier?			

| | Délai de possession nécessaire pour opérer la tacite reconduction. | Faits constituant la tacite reconduction. | Obligation du Propriétaire envers le Premier Locataire qui a fait des réparations |

Délai de possession nécessaire pour opérer la tacite reconduction.	Faits constituant la tacite reconduction.	Obligation du Propriétaire envers le fermier ou locataire qui a fait des travaux nouveaux.
Délai de possession nécessaire pour opérer la tacite reconduction.	Faits constituant la tacite reconduction.	Obligation du Propriétaire envers le fermier ou locataire qui a fait des travaux nouveaux.

Questions.

Quid de l'usage répandu dans certaines localités, d'enlever les portes et fenêtres, &c. d'un logement, lorsque le locataire congédié ne veut pas vider les lieux?

Réponses.

Enseignes.

À défaut de conventions contraires,
le locataire a généralement le droit de placer
extérieurement une enseigne?

À quels endroits de la Maison (porte ou
fenêtre) et dans quelles conditions est-il
d'usage d'établir les enseignes?

Quid des baux à meubles ?
(Code civil — 1757.)

D.

Distances à observer
entre les héritages pour les plantations

Art. 671. — Code Civil.

Existait-il dans le canton lors de la
promulgation du Titre 4 Livre 2 Code civil,
un réglement particulier fixant la distance
à observer, entre héritages voisins pour
la plantation tant des arbres de haute tige
que des autres arbres ou haies vives ?

Si ce règlement existe, quel est-il ?

Est-il exactement exécuté ?

Si ce règlement existe, quel est-il ?

A Défaut de réglemens particuliers existans, quels étaient ou sont encore les usages constants ou reconnus en cette matière?

Questions.	Réponses.
Quelles sont les distances à observer soit en vertu du réglement, soit d'après l'usage en égard à la nature de culture de la propriété voisine ?	

Questions.	Réponses.
Quid lorsque les plantations ont lieu le long d'une rue étroite ?	

Questions.	Réponses.
Ou le long d'un mur appartenant exclusivement au voisin ?	

Ou, le long d'un mur appartiennent au
contraire exclusivement au propriétaire
qui fait la plantation ? ....

Questions.

106

Réponses

Quid, d'après les distinctions ci-dessus,
si les propriétés closes sont situées dans
les villes ou faubourgs? ....

Existe-t-il une exception en faveur des bois
blancs ou les rivières qu'on plante le long
des fossés ou cours d'eau ?

Questions	Réponses.
S'il en existe, quelle est la distance prescrite dans ce cas ?	

<table>
<tr><td>

Questions

La sève est-elle la même pour tous
les arbres à bonne tige ?

Ou bien varie-t-elle suivant les
essences ?

</td><td>

Réponses

</td></tr>
</table>

Quelle est la distance relativement
à chaque essence ?

Existe-t-il une distance à observer
(et toujours suivant les essences) pour les
plantations en semis de bois taillis,
lorsque la propriété voisine est elle-même
en bois taillis ? . . . .

Questions.	Réponses.
Quelle est votre distance ?............	

Quelle est votre distance ?............

Questions.	Réponses.
Quid des bois si la propriété contiguë n'est pas complantée ?	

Quid des arbres en basse tige et des
haies vives — Quelles distances ?

Questions.   4   Réponses

Quid des arbres en basse tige et des
haies vives — Quelles distances ?

A quelle hauteur les haies vives
doivent-elles être maintenues ?

A quel âge sont-elles émoutées ou
tombées ?...

Questions.

Réponses.

Quelle distance pour l'établissement
une haie sèche ?

Questions.	Réponses.
Quelle distance pour l'établissement d'une clôture avec des listes ?	

Questions.	Réponses.
Quelle distance pour l'établissement d'une clôture avec des listes ?	

De la Distance et des Ouvrages
Intermédiaires requis pour certaines Constructions.

Art. 674. — Code Civil.

Coutume de Paris — Art. 188. 189. 190. 191. 192. — 217

Questions.	Réponses

Existait-il dans le canton au jour
de la promulgation du liv. 2, Titre 4, Code
civil, des réglements particuliers sur les
objets ou l'un des objets spécifiés dans
l'art. 674 du Code civil ?

Questions	Réponses
Si ces règlements existaient, quels sont-ils ?	

S'il n'existait pas de réglements, lors de la promulgation du titre 4, en a-t-il été fait depuis, et quels sont ceux en vigueur aujourd'hui? ....

et à défaut de règlements que prescrire l'usage relativement aux puits, aux fosses d'aisance? ....

Aux cheminées ou âtres, forges, fours, ou fourneaux?

Questions	Réponses.
Quid S'il y a puis d'un côté a fosse	
?uonnes de l'autre ?	

<table>
<tr><td>Questions</td><td>196.</td><td>Réponses.</td></tr>
</table>

Quid entre deux prêtres ?

Quid entre deux prêtres ?

L'usage s'applique-t-il à toute espèce
de charges foncières ... ?

Questions	Réponses
S'il existe des exceptions, quelles sont-elles ?	

Que prescrit l'usage relativement
aux établis, bergeries, écuries, toits à porcs,
saillies ?

Questions.	Réponses.
Aux magasins de sel ou autres de matières corrosives ?	

Aux creusements de carrières, de mares,
citernes ou réservoirs d'eau ?

Est-il d'autres établissements ou travaux
pour lesquels l'usage ou les règlements
prescrivent des distances ou certains ouvrages
de précaution ?

Lesquels, s'il y en a ?

Usage des Eaux courantes.

Art. 650 - Code civil. Ordonnance 1669 art 7 titre 28.
Décret du 22 Janvier 1808. Art. 1er à 4.

Art. 644 - 645 - Code Civil.

Art. 1er Loi du 14 Floréal an XI.

Art. 2. Titre 2. Loi du 6 8bre 1791 et Loi du 15 Avril 1829

Avant la promulgation du Titre 4,
Livre 2 du Code Civil, existait-il dans le
...tion des réglements particuliers et locaux
...la cours et l'usage des eaux (645 Code
...il.)

S'il en existait quelques-uns de ?

<table>
<tr><td></td><td></td></tr>
</table>

Questions	Réponses
État nominatif des rivières navigables et flottables du Département	La Seine La Marne

Questions	Réponses
État nominatif des rivières navigables et flottables du Département	La Seine La Marne

Questions	Réponses
Depuis la promulgation du titre 4, [...] le Conseil, a-t-il été fait un règlement sur cette matière en conformité de l'art. 2001.	

S'il en existe, qui les a faites, quelle sont-elles? Quelles sont leurs Dispositions?

S'il en existe, qui les a faites, quelle sont-elles? Quelles sont leurs Dispositions?

Questions	Réponses
La coutume règle-t-elle seule le cours et usage des eaux; et dans ce cas, quelle est la coutume ?	

Questions.	Réponses.
Quels sont les réglements en usage relatifs au curage des ruisseaux, cours d'eau et rivières non navigables, et à l'entretien des digues et ouvrages qui y correspondent? (Loi du 14 Floréal an XI, art. 1er)	

Questions	Répondez.
Les règlements existants anciens ou nouveaux sont-ils scrupuleusement exécutés ?	

Questions.	Réponses.
État nominatif des ruisseaux, canaux et rivières non navigables dont le curage est prescrit?	

Quid du remisage des chaux en
...?

Existe-t-il à cet égard des réglements,
des prohibitions ?

(Loi 68bis 191, art 2, titre 2 — 15 Avril 1829.)

J

Jouissance des Biens Communaux.

(Loi du 10 Juin 1793. — Art. 6.)

Quel est le mode de jouissance des
[biens] communaux non partagés ?

Y a-t-il à cet égard un usage établi
soit avant, soit depuis la loi de 1793?

Quel est-il?

Y a-t-il un règlement administratif?

Quel est-il?

Questions   47   Réponses.

Y a-t-il un règlement administratif?

h.

Hauteur des Clôtures

Article 663. Code Civil

Hauteur
des Clôtures

Quels sont les limites du caractère que l'on
dans l'usage de considérer comme ... dans
l'application de l'art. 663 code civil,
dans les distinctions qu'il établit ?

Questions.	Réponses.
Dans ces mêmes lieux, quelles sont les limites où commencent et où finissent les faubourgs?	

Quelle doit être la hauteur de la
clôture entre voisins ?

Questions.	Réponses.

En quels matériaux et de quelle manière doivent être construits les murs de séparation dont parle l'art. 663 du code civil ?

Quelle est, d'après l'usage, l'épaisseur
des murs de clôture, suivant l'espèce de
matériaux employés ?

Quelle est, d'après l'usage, l'épaisseur
des murs de clôture, suivant l'espèce de
matériaux employés ?

Questions	Réponses
Existe-t-il dans les lieux réputés ville ou faubourg du canton, des règlements particuliers relativement à la hauteur des clôtures en général? Quelles sont les dispositions de ces règlements?	

À défaut de réglements particuliers,
quelle sont les usages constants et reconnus ?

À défaut de réglements particuliers,
quelle sont les usages constants et reconnus ?

Dans les communes rurales où la clôture n'est pas obligée, quelle est la hauteur d'usage des clôtures existantes ? Quelle est cette hauteur chaperon compris ?

Id.   Id.   Id.   non compris ?

Dans les communes observe-t-on
une distance quelconque entre le mur
que l'on construit et la propriété du
voisin ?

Cette distance est-elle observée ; quelle
que soit la nature de la propriété voisine ?

Questions | 155 | Réponses

Cette distance est-elle observée ; quelle
que soit la nature de la propriété voisine ?

S'il existe une distance d'usage, quelle
est-elle?

L.

Louage des Domestiques et Ouvriers.

(Code civil. 1780 - 1134. 1159. -)

Les domestiques de l'un ou de l'autre sexe,
sont-ils loués de droit par l'usage pour
une période déterminée ?

Questions	Réponses
Sous-île au contraire tous les jours à terme	

Y a-t-il lieu de distinguer entre les
[...] attaché à la personne ou ceux
attaché à la chose? (garenage. Valeur de
[...] p. Valeur de charrue (Poitou, &c.))

Dans le cas où les domestiques seraient
loués pour une période déterminée, cette
période a-t-elle un terme fatal?

Si le terme final expire sans songer, la
tacite reconduction opère-t-elle immédiatement?

Questions.   Réponses.

Existe-t-il entre le congé et la sortie
un délai de grâce? quel est-il?

<table>
<tr><td>Questions</td><td></td><td>Réponses</td></tr>
</table>

Est-il d'usage de délivrer un certificat
de bonne conduite au domestique congédié ?

La délivrance de ce certificat est-elle une
obligation pour le maître ?

168

Quelle est l'époque ordinaire de la location?
(Toussaint, St. Martin, St. Jean?)

Questions.	Réponses.
Quel est le mode ordinaire d'engagement ? (Ou foire, etc. ?)	

Quid du cas de mariage ou d'enrôlemens volontaire du domestique loué pour une période déterminée ?

Questions.	V.	Réponses.
Est-il passible de dommages-intérêts ? (Code civil — 1142).		

Quel est l'usage généralement adopté ?

Quel est l'usage généralement adopté ?

Questions.	Réponses.

Quid des engagements des ouvriers et prima-
ire dans chaque profession exercée dans le canton?

Nota. On pourrait grouper ici les professions
par catégories; par exemple.

Les ouvriers travaillent à leurs pièces?

Les ouvriers travaillent-ils à la journée ?

Idem au mois ? etc.

Ouvriers des Villes (comme maçons,
Charpentiers, &c.) ?

Ouvriers des Villes (comme maçons,
Charpentiers, &c.) ?

<table>
<tr><td>

Questions.
———

Ouvriers des Champs (Comme
Moissonneurs, Vignerons, &c. ?

</td><td>

176.

Réponses.
———

</td></tr>
</table>

Questions	Réponses
Indication des heures et du nombre d'heures composant la journée de travail ?	

Indication des heures et du nombre
d'heures de repos ?

Quid du Salaire des journaliers dans le cas où une force majeure, par exemple le mauvais temps, empêche le travail pour lequel ils ont été loués ?

Quid si le mauvais temps, l'évènement de force majeure est survenu depuis la journée commencée ?

Salaire. — En quoi consiste-t-il ?
(argent, vente, graine, etc.)

Questions	Réponses
A quelle époque payable? d'avance ou à terme?	

A quelle époque payable? d'avance
ou à terme?

Questions.	Réponses.
La nourriture est-elle comprise dans le [taux du salaire], est-elle due au contraire en sus ?	
Distinction suivant les professions.	

Est-il d'usage dans certains louages
d'industrie de fournir les arbres?

Ces arbres sont-elles fournies par le
Maître ou par l'ouvrier?

A la charge duquel, du maître ou de
l'ouvrier, est la fourniture des outils?

Maturité des Fruits

(Code de procédure civile — Article 626.)

Maturité des Fruits

Quelle est, suivant l'usage, l'époque
et l'espace des travaux qui précèdent la
maturité des fruits, pour chaque espèce de
récolte, par exemple?

Pour les blés et autres céréales?

Questions	Réponses
Pour la prairie naturelle?	

Questions	Réponses
Pour la prairie naturelle?	

Questions.	Réponses.
Pour les Prairies artificielles ?	

Questions.	Réponses.
Pour les Prairies artificielles ?	

Questions.	Réponses
Pour les vignes ?	
Questions.	Réponses
Pour les vignes ?	

Sur les arbres fruitiers ?

Sur les arbres fruitiers ?

Dénomination
des Poids et Mesures en usage dans le Département.

Questions	Réponses
Indiquer quels sont les Poids et Mesures en usage dans le Canton, tels que	Indiquer leur corrélation avec les poids et mesures légaux.
Lieue .... } Mesures itinéraires.	

Questions	Réponses
Mesures de Longueur.	Indiquer leur corrélation avec les poids ou mesures légaux.
Perche	
Petite ...	
Grande..	
Mesures de Longueur.	Indiquer leur corrélation avec les poids ou mesures légaux.

Mesures de longueur.

Indiquer leur corrélation avec les poids
et mesures légaux.

Italie . . . .

<table>
<tr><td>

Questions.

Mesures de Longueur.

Doigt . . . .

Train . . . .

</td><td>

Réponses.

Indiquez leur corrélation avec les poids et mesures légaux.

</td></tr>
</table>

Questions.	Réponses.
Mesures agraires	Indiquez leur corrélation avec les poids et mesures légaux.
Arpent (Petit)	
(Grand)	

Questions	Réponses
Mesures Agraires	Indiquer leur corrélation avec les poids et mesures légaux
Perche (petite)	
(Grande)	

Questions.	199	Réponses.
Mesures pour les liquides.		Indiquez leur corrélation avec les poids ou mesures légaux.
Velte..........		
Pinte..........		
Verre..........		

Questions	Réponses.
Mesures pour les matières sèches.	Indiquer leur corrélation avec les poids en mesures légaux
Muids	
Setier	

Questions	Réponses
Mesures pour les matières sèches	Indiquer leur corrélation avec les poids en mesures légaux.
Boisseau	

Questions	Réponses
Mesures pour les matières sèches	Indiquer leur corrélation avec les poids en mesures légaux.

Questions	Réponses
Mesures de solidité	Indiquer leur corrélation avec les poids en mesures légaux ?
Mètre.........	
Solive.........	

Poids
——

Mètre

Quintal

Indiquer leur corrélation avec les poids et mesures légaux.

Questions	Réponses

Poids.

Livre .... | Indiquer leur corrélation avec les poids et mesures légaux.

Once ....

Questions.	Réponses.
Poids.	Indiquer leur corrélation avec les poids et mesures légaux.
Gros	
Grain	

Droit de Parcours et Vaine Pâture

Articles 648 - 651 - 652 du Code Civil

Articles - 2 - 3 - 13 - Section 4 - Code Rural

Article 15. Loi du 13 Pluviose an 8 = Oct. 17. Loi du 18 Juillet 1837

Décret 28 Septembre - 6 Octobre 1791.

Loi 18 Juillet 1837 - Art. 17.

Questions	Réponses

Questions.

Parcours.

La servitude réciproque de commune à
commune, connue sous le nom de parcours,
accompagnée du droit de vaine pâture,
existe-t-elle dans le canton ?

Questions.	Réponses.
Existe-t-elle indifféremment dans toutes les Communes ou dans quelques unes seulement?	
Quelles sont ces Communes?	

Questions. Réponses.

Questions	Réponses.
Cette servitude est-elle fondée sur un titre? Et quel est-il?	

Questions	Réponses.
Cette servitude est-elle fondée sur un titre? Et quel est-il?	

Est-elle fondée sur une possession
autorisée par les lois et coutumes ?

Quelles sont ces lois et coutumes ?

<table>
<tr><td>Questions</td><td>Réponses</td></tr>
</table>

De quelle nature sont les propriétés
sur lesquelles le parcours est exercé ?

À qui appartiennent-elles ?

Le parcours est-il exposé en tout
temps ?

Ou à certaines époques de l'année seulement ?

Questions.	Réponses.
Ou pendant un temps déterminé après l'enlèvement des récoltes ?	

Questions.	Réponses.
Quels animaux peut-on conduire au parcours ?	

Questions	245	Réponses
Le nombre en est-il réglé ?		
Quel est-il ?		
Le nombre en est-il réglé ?		

Questions.	Réponses.

Les conditions de la servitude du parcours sont-elles réglées par des usages antérieurs à la loi des 28 7bre et 6 8bre 1791 ?

Si oui, quelles sont-elles ?

Questions.	Réponses.
[illegible handwritten text]	

Questions.	Réponses.
Quelles sont les dispositions de ce règlement ?	

Questions.	Réponses
Vaine pâture	
Le droit de vaine pâture, accompagné de la servitude du Parcours, existe-t-il dans toutes les communes du Canton ?	

Questions.	Réponses.
Ou dans quelques unes seulement ?	
Quelles sont-elles ?	

Questions	Réponses
[illegible handwritten lines]	

Accompagné ou non de la Servitude de parcours, est-il fondé sur un titre particulier?

Ou bien autorisé par la Loi ou par
un usage local immémorial.
(Art. 3. – Section 4. – Code rural.)

Questions	Réponses.

En quoi consiste le droit de vaine pâture accompagné de la Servitude du parcours ?

En quoi consiste le droit de vaine pâture accompagné de la Servitude du parcours ?

Questions.	Réponses.
Sur quelles propriétés s'exerce-t-il ?	

Questions.	Réponses.
Sur quelles propriétés s'exerce-t-il ?	

Quels sont les animaux qui en profitent?

Questions.	Réponses.
Lorsqu'à le droit de traire pâture en [...] engagé de pouvoir, [...] lui quelles provinces [...].	
Et par quelle inconnue ?	

Questions	Réponses
A-t-il lieu conformément à des usages locaux ?	

A-t-il lieu conformément à des usages locaux ?

Questions.	Réponses.
Quels sont ces usages ?	

Questions.	Réponses.
A-t-il lieu suivant les dispositions de la Loi des 28 7bre, 16 8bre 1791 ?	
En suivant des réglements particuliers ?	

S'il existe des règlements, quels sont-ils ?

Questions.

Réponses.

Questions	Réponses.
Quelle est dans chaque commune la la quantité de bétail fixé par hectare pour l'exercice de la vaine pâture ? (Art. 13, Section 4. — Code rural.)	

Quelle est dans chaque commune la la quantité de bétail fixé par hectare pour l'exercice de la vaine pâture ?

Existe-t-il dans le canton des prairies naturelles, sujettes au parcours ou à la vaine pâture?

Existe-t-il dans le canton des prairies naturelles, sujettes au parcours ou à la vaine pâture?

Les prairies sont-elles d'une ou plusieurs
herbes ?

Questions.	Réponses.
Sont-elles sèches où arrosées ?	

Cette agglation des prairies résulte-t-elle d'un titre ?

D'une Loi ?

D'une ordonnance ?

D'une possession immémoriale ?

Comment s'exerce d'après cela le droit
de vaine pâture, et comment peut-on
s'y soustraire ? (648. Code civil.)

Questions. | Réponses.

Questions.	Réponses.
Dans quel temps l'exercice de ces droits est-il autorisé sur ces prairies ?	

Le droit de parcours ou de vaine pâture
a-t-il lieu conformément aux prohibitions
portées dans la loi?

Le droit de vaine pâture est-il réciproque
entre tous les propriétaires de la même
Commune ou paroisse? Existe-t-il seulement
entre les propriétaires contigus de bois ou
de prés? Existe-t-il seulement sur les
biens communaux?

Si ce sont des biens privés, quels sont
les droits du propriétaire et les conditions
de sa jouissance ?

Questions.	Réponses.
Si ce sont des biens communaux, quels sont les droits de la Communauté sur les récoltes faites, indépendamment du parcours et de la vaine-pâture ?	

Questions.	Réponses.
La servitude de parcours et le droit de vaine-pâture sont-ils réciproques entre toutes les communes du canton, ou entre quelques-unes seulement ? Les indiquer.	

Questions.	Réponses.
Ou entre les propriétaires de la même Commune ?	

La réciprocité entre Communes n'a-
t-elle lieu que pour le parcours?

Pavage.

Edit de Décembre 1607

Loi du 11 Frimaire an VII

Avis du Conseil d'Etat du 25 Mars 1807

Loi du 18 Juillet 1837 (Art. 44)

Loi de Finances de 1842 (25 Juin 1841 – Art. 28).

Loi du 7 Juin 1845. (Art. 4) Trottoirs

Questions	Réponses.
Quel est dans chaque commune du canton l'usage suivi en matière de 1er curage ? (1)	

(1) Nota. Il est à noter que dans le départ. de la Gironde [illegible] l'usage suivi qui concerne le 1er curage, [illegible] par la législation ancienne qui met à la charge exclusive des riverains la totalité de ces frais (V. arrêts [illegible] [illegible] 1832, [illegible] 1834, [illegible] 1835, 27 janvier 1836, [illegible] janvier ou 14 février 1838, 24 juillet 1845)

Questions	Réponses

Dans quelle proportion, d'après cet usage,
les frais de l'pavage doivent-ils supportés, soit
par les propriétaires riverains de la voie publique,
soit par la commune ?

Questions.	Réponses.
Cet usage est-il reconnu ou constaté ?	

Questions.	Réponses.
L'usage s'applique-t-il non seulement au 1er pavage, mais encore à la réfection du pavé ?	
À son entretien ?	

<table>
<tr><td>

Questions.

———

Quelles sont les communes du canton dans lesquelles l'usage étoit reconnu et constaté, l'obligation de faire le 1er pavage été convertie en taxe pécuniaire conformément à la faculté accordée par la loi de finances de 1842 ?

</td><td>

Réponses.

———

</td></tr>
</table>

Questions.	Réponses.
Dans celles des Communes où l'usage n'est pas régulièrement constaté, quels sont les faits et actes qui tendent à l'établir ?	

Existe-t-il dans le canton un usage
relatif aux frais d'établissement des trottoirs? (1)

(1) Nota. L'usage n'existe généralement
que dans quelques villes du Midi, et en-dehors on l'ignore
à Paris et dans sa banlieue. L'agglomération n'est pas obligée
pour cela, ni pour ce qui concerne la voirie.

Réparations locatives ou de menu entretien

Code Civil — 1754 — 1755.

Contribution des portes et fenêtres. (Loi du 4 Frimaire an VII. art. 12.)

Questions	Réponses

1754 – 1755. Code Civil.

L'usage met-il à la charge du Locataire
d'autres réparations locatives ou de menu
entretien que celles énumérées en l'art. 1754
du Civil ?

Questions.	Réponses.
En cas d'affirmative, quelles sont les réparations ?	

Questions.	Réponses.
L'usage dispose-t-il au contraire le [...]ataire de certaines des réparations indiquées [...] l'art. 1754	

Questions	Réponses.
Quelles sont ces dispenses ?	

Questions	Réponses.
Quelles sont ces dispenses ?	

Le locataire de maison, appartement ou chambre garnis, est-il tenu à quelques réparations locatives ou de menu entretien ?

Sil y est assujéti, quelles sont ces réparations?

Questions.	Réponses

Le Locataire d'un jardin maraîcher, où existent des arbres ou arbustes en pleine terre ou en espalier, est-il assujetti à des réparations locatives ou de menu entretien?

<table>
<tr><td>

Questions.
—

Si oui, quelles sont-elles ?

(par ex. — réparations aux treillages

remplacement des arbres morts

&c.)

</td><td>

Réponses
—

</td></tr>
</table>

Questions	Réponses.

Le Locataire d'une usine ayant un moteur quelconque, loué avec métier et ustensiles, est-il tenu des réparations locatives non seulement aux Bâtiments, mais encore aux métiers, au mécanisme, aux rouages, outils &c. ustensiles fixes, mobiles, tournans, mouvans et travaillans aux vannages, pêcheries, pâles, pompes, Chaudières &c ?

Si oui, quelles sont ces réparations suivant les différents genres d'industrie ; tels que

Laminage ? . . . .

Tissage ? . . . .

Si oui, quelles sont ces réparations suivant les différents genres d'industrie ; tels que

Questions.	Réponses
Moulin mû par l'eau	
Id. mû par le vent	

Moulin à tan ....

D° à huile ....

Questions	Réponses
Foulon ?.	
Filature ?.	

Questions.	Réponses.
Papeterie ?	
D'eaux-fourneau ?	

Questions.	Réponses.
Papeterie ?	

Foyer ? ....

Four à Briques ? ...

Four à chaux ? . . . .

Four à plâtre ? . . . .

Questions	Réponses
Usine à Gaz ?	
Verrerie ?	

Boulangerie ? . . . .

Questions.

Réponses.

Questions	Réponses
Quelles sont les réparations dont est tenu le locataire, dans les bâtiments ruraux relativement aux objets qui sont inhérents à l'Écurie ?	
À la Vacherie ?	

<table>
<tr><td>Questions</td><td></td><td>Réponses</td></tr>
</table>

à la Bergerie ?

au four ?

Au pressoir ?

Aux Granges ?

Au pressoir ?

Questions.	Réponses.
Au Colombier ?	
Aux Caves ?	
Au Colombier ?	

Questions.	Réponses.
aux celliers ?	
À la Torcherie ?	

Questions	Réponses

au poulailler ?

Aux Reines et Bangard ?

au poulailler ?

Questions.	Réponses.
à la Laiterie ?	
aux Greniers, &c. ?	
à la Laiterie ?	

Questions.	Réponses.

Questions	Réponses
(Loi du 4 Frimaire an VII - Art. 12) En l'absence de toute stipulation entre bailleur et preneur, à la charge duquel des deux l'usage du canton en est-il payement de la Contribution des portes et fenêtres ?	

Rapports entre fermiers entrants et sortants et facilités réciproques.

Cass Civil — 1777

Rapports entre fermiers entrants et sortants
et facilités réciproques.

Code Civil. 1777.

Questions	Réponses
Quels sont les droits et obligations du fermier sortant vis-à-vis de celui qui entre dans la ferme ?	

Questions	Réponses
Quels sont les droits et obligations du fermier qui entre vis-à-vis du fermier sortant ?	

Quels sont les droits et obligations du fermier qui entre vis-à-vis du fermier sortant ?

Questions	Réponses
Comment se répartissent ces droits en obligations? à quelles époques se produisent ils? Pendant quels délais ou périodes se consomment ils? En ce qui concerne notamment 1° La remise de tous ou partie des bâtiments d'habitation?	

2º Des bâtiments d'exploitation ?

3º La litière et la nourriture des chevaux de culture, vaches &c ? ....

4.° Le Battage des Récoltes? . . . .

5.° L'arpentage ou vérification des
limites des pièces de terre? . . . .

Questions.	Réponses.
6° Les Empaillements en fumier ?	
7° Les Prairies artificielles ?	

Questions	Réponses
8° La Coupe des Blés est le mode usité pour cette coupe ?	
9° Le chaume ?	

Questions.	Réponses.
10.º Les jardins de la Ferme ?	
11.º Les arbres émondables ?	
&c.	

Questions	Réponses
Existe-t-il dans le canton des fermes tenues par des métayers ou colons partiaires ?	

Questions	Réponses.
En quoi consiste ce affermage ?.........	

En quoi consiste ce affermage ?.........

<table>
<tr><td>

Questions.

———

Quelles sont les conditions les plus générales?

</td><td>

Réponses.

———

</td></tr>
</table>

Questions.	Réponses.
Quels sont les usages auxquels ils sont soumis ?	

<table>
<tr><td align="center">Questions.
———</td><td align="center">7</td><td align="center">Réponses.
———</td></tr>
</table>

Quels sont les droits et les obligations du propriétaire ? . . . .

Questions.	Réponses.

Quels sont ceux du métayer ? ....

Questions.

Quels sont les droits et obligations,
suivant l'usage, du métayer sortant, vis-à-
vis du métayer entrant — et vice versâ?

Réponses.

Questions	Réponses.
Quid des cheptels ?	

Questions	Réponses.
Quid des cheptels ?	

Trottoirs

———

Voyez Pavage

Ventes judiciaires.

———

(Code procédure civile —   617   —   655
  »   modifié. Loi 2 Juin 1841. —   699.
  »   »   696, 702 - 709 - 715 - 741 - 959 - 964 - 965
                973 - 988.

———

Code Civil   459

Questions	Réponses

(Voir précédentes : 617 - 635 - 609.)

Quels sont les marchés les plus voisins de chaque commune du canton, soit dans le même arrondissement, soit hors de cet arrondissement ?

Questions	Réponses
Quelles sont les heures des marchés ?	

Nom des Communes par Canton	Désignation du marché le plus approché dans l'arrondissement	Leur distance du Chef-lieu de la Commune	Désignation du Marché le plus approché hors de l'arrondissement	Leur Distance du Chef-lieu de la Commune
		Canton de	Kilomètres		Kilomètres
Commune de	Marché de			Marché de	
	id de				
Commune de	Canton de	Kilom.			Kilom.
	Marché de			Marché de	
	id de				

Noms des Communes par Canton	Désignation du marché le plus approché dans l'arrondissement	Leur distance du Chef-lieu de la Commune	Désignation du marché le plus approché, situé dans les pays hors d'arrondissement	La Distance du Chef-lieu de la Commune
	Canton de	Kilom		Kilom
Commune de	Marché de		marché de	
	id. de			
	Canton de	Kilom		Kilom
Commune de	Marché de		marché de	
	id. de			

Noms des Communes par Canton	Désignation des Marchés les plus approchés dans l'arrondissement?	Leur distance au Chef-lieu de la Commune	Désignation du marché les plus approchés situés dans hors l'arrondissement	La distance au Chef-lieu de la Commune
Commune de	Canton de / Marché de / à de	Kilomètre	Marché de	Kilomètre
Commune de	Canton de / Marché de / à de	Kilomètre	Marché de	Kilomètre

Noms des Communes par Canton	Désignation des Marchés les plus approchés dans l'arrondissement?	Leur distance au Chef-lieu de la Commune	Désignation du marché les plus approchés situés dans hors l'arrondissement	La distance au Chef-lieu de la Commune

Nom des Communes par Canton	Désignation des [marchés] les plus rapprochés dans l'arrondissement	Leur distance au Chef-lieu de la Commune	Désignation du marché les plus rapprochés hors l'arrondissement	La distance du Chef-lieu de la Commune
	Canton de	Kilomètre		Kilomètre
Commune de	Marché de		Marché de	
	id. de			
	Canton de	Kilomètre		Kilomètre
Commune de	Marché de		Marché de	
	id. de			

Nom des Communes par Canton	Désignation des [marchés] les plus rapprochés dans l'arrondissement	Leur distance au Chef-lieu de la Commune	Désignation du marché les plus rapprochés hors l'arrondissement	La distance du Chef-lieu de la Commune

Nom des Communes par Canton	Désignation du marché le plus rapproché dans l'arrondissement	Leur distance du chef-lieu de la commune	Désignation du marché le plus rapproché hors son arrondissement	Sa distance du chef-lieu de la commune
	Canton de	Kilomètre		Kil. de
Commune de	Marché de		Marché de	
	id. de			
Commune de	Canton de	Kilomètre	Marché de	Kilomètre
	Marché de			
	id. de			

Noms des Communes par Canton	Désignation des marchés les plus rapprochés dans l'arrondissement	Leur distance du Chef-lieu de la Commune	Désignation du marché le plus rapproché dans son hors l'arrondissement	La distance du Chef-lieu de la Commune
	Canton de	Kilomètre		Kilomètre
Commune de	Marché de		Marché de	
	id. de			
	Canton de	Kilom.		Kilom.
Commune de	Marché de		Marché de	
	id. de			

Noms des Communes	Désignation du marché le plus rapproché dans l'arrondissement	Leur distance du chef-lieu de la Commune	Désignation du marché le plus rapproché dans un autre arrondissement	La distance du chef-lieu de la Commune
	Kilomètres			Kilomètres
[illegible]	Marché de [illegible]		[illegible]	
	de [illegible]			
[illegible]	Kilomètres	Kilomètres		Kilomètres
[illegible]	Marché de [illegible]		Marché de [illegible]	
	de [illegible]			

459. Code civil. — (609 Code procédure civile.)

Quels sont les lieux accoutumés dans le
canton où doivent être apposées les affiches dont
parle l'art. 459 Code civil ?

www.ingramcontent.com/pod-product-compliance
Lightning Source LLC
LaVergne TN
LVHW051952060726
842528LV00002B/286